BEI GRIN MACHT SICH IHR WISSEN BEZAHLT

AF149207

- Wir veröffentlichen Ihre Hausarbeit,
  Bachelor- und Masterarbeit

- Ihr eigenes eBook und Buch -
  weltweit in allen wichtigen Shops

- Verdienen Sie an jedem Verkauf

Jetzt bei www.GRIN.com hochladen und kostenlos publizieren

Christoph Thomas

Mobile EDV-gestützte Pflegedokumentation der Cymed AG im St. Marien-Hospital Düren

GRIN Verlag

Bibliografische Information der Deutschen Nationalbibliothek:

Die Deutsche Bibliothek verzeichnet diese Publikation in der Deutschen National-bibliografie; detaillierte bibliografische Daten sind im Internet über http://dnb.d-nb.de/ abrufbar.

Impressum:

Copyright © 2007 GRIN Verlag GmbH
Druck und Bindung: Books on Demand GmbH, Norderstedt Germany
ISBN: 978-3-656-54720-4

Dieses Buch bei GRIN:

http://www.grin.com/de/e-book/264665/mobile-edv-gestuetzte-pflegedokumenta-tion-der-cymed-ag-im-st-marien-hospital

GRIN - Your knowledge has value

Der GRIN Verlag publiziert seit 1998 wissenschaftliche Arbeiten von Studenten, Hochschullehrern und anderen Akademikern als eBook und gedrucktes Buch. Die Verlagswebsite www.grin.com ist die ideale Plattform zur Veröffentlichung von Hausarbeiten, Abschlussarbeiten, wissenschaftlichen Aufsätzen, Dissertationen und Fachbüchern.

Besuchen Sie uns im Internet:

http://www.grin.com/

http://www.facebook.com/grincom

http://www.twitter.com/grin_com

Schriftliche Projektarbeit

im Rahmen der Abschlussprüfung zum
Informatikkaufmann, Sommer 2007

Durchführungszeitraum: 12. März - 20.April 2007

Projektthema:

Mobile EDV-gestützte Pflegedokumentation der

im

erstellt von: Christoph Thomas

Inhalt

Vorwort

Kostenreduzierung ist heutzutage eine unumgängliche Thematik eines jeden Unternehmens - im Gesundheitswesen mehr denn je.

Mit der Einführung der DRG im Rahmen der Gesundheitsreform nach Ulla Schmidt im Jahr 2004 stieg der Wettbewerb von deutschen Kliniken wie erwartet an. Ein jedes Krankenhaus kämpft seither zunehmend damit, kostendeckend zu wirtschaften und Betriebskosten zu senken bei einer gleichzeitigen Steigerung der Pflegequalität, um konkurrenzfähig zu bleiben. - Nur ein Traum der Geschäftsführung? Nicht unbedingt! Den ersten Ansatzpunkt bietet im Gesundheitswesen, wie in der Wirtschaft die Effizienzsteigerung der Arbeitszeit, in diesem Projekt durch Einsatz einer EDV-Softwarelösung.

Ein vollständig EDV-gestütztes Informationssystem zwischen einzelnen Fachbereichen in deutschen Krankenhäusern, aber auch zu anliegenden Arztpraxen, ist meist nur ansatzweise realisiert. Übergreifende IT-Lösungen finden sich in nur 60 Prozent aller Krankenhäuser, obwohl 86 Prozent aller Hospitäler in Deutschland schon Elemente eines Krankenhaus-Informations-System (KIS) einsetzen. Es besteht zunehmend Bedarf, diese Lücken restlos zu füllen, denn Lücken gleichen Unterbrechungen von Prozessketten, und Unterbrechungen bedeuten Arbeitszeit, welche sich in barem Geld messen lässt.

Dieses Projekt widmet sich der Optimierung des Prozesses Pflegeplanung und Dokumentation, sowie der Umsetzung im St. Marien-Hospital Düren, welche trotz KIS noch heute mit Stift und Papier erfolgt.

1. Projektbeschreibung

Mobile EDV-gestützte Pflegedokumentation der CyMED AG im St. Marien-Hospital Düren

Dieses Projekt umfasst eine Kosten- / Nutzenanalyse, die Neuanschaffung von CyMED-kompatibler Hardware und deren Netzwerkanbindung am Patientenbett an eine bestehende, funktionstüchtige Accesspoint-Infrastruktur, die Erstellung eines digitalen Formulares auf Basis einer bereits erstellten GUI-Eingabemaske (QS-Bogen), die Softwareinstallation und Einrichtung der mobilen Endgeräte, sowie Personalschulungen zur Handhabung des neuen CyMED QS-Bogens.

2. Firmen- und Themenbeschreibung

2.1 Firmenvorstellung

Die St. Marien-Hospital Düren gGmbH bietet acht hauptamtlich geleitete Fachabteilungen, sowie eine Belegabteilung. Insbesondere mit den Fachabteilungen Kinderheilkunde und Geriatrie bietet sie der Versorgungsregion Düren eine über das Maß der Regelversorgung hinausgehende hochwertige medizinische Fachversorgung an. Das Leistungsspektrum der Kinderklinik wird durch das Sozialpädiatrische Zentrum (SPZ) und die Kinder- und Jugendpsychiatrie erheblich erweitert und ideal ergänzt.

Der geriatrischen Abteilung ist zur weiterführenden aktivierend-mobilisierenden Behandlung eine geriatrische Tagesklinik angegliedert. Im Bereich der Geburtshilfe bietet das St. Marien-Hospital den Patientinnen und Neugeborenen eine geburtshilfliche, neonatologische Schwerpunktklinik als einzige Einrichtung der Region.

Zur gesundheitlichen Vor- und Nachsorge von Patienten ist ein großes Gesundheitszentrum angeschlossen.

Das Krankenhaus hat sich seit je her auch der vielschichtigen und lebhaften Pflegeberufsausbildung verpflichtet gesehen. So gehören dem Schulzentrum eine Kinderkrankenpflegeschule, eine Krankenpflegeschule, sowie ein Fachseminar für Altenpflege an.

Neben einer hochwertigen medizinischen Leistung für die Patienten steht aber auch das Leitbild der Franziskanerinnen seit der Gründung am 1. Oktober 1876 "helfen, heilen und begleiten" immer noch im Mittelpunkt der täglichen Arbeit. Es ist Verpflichtung und nicht Widerspruch der sich als moderne Dienstleister verstehenden Mitarbeiter. Die über 130-jährige Tradition der sich langsam zurückziehenden Ordensschwestern wird so weitergeführt. Heute ist die "Caritas Trägergesellschaft West gGmbH (ctw)" Träger des Hauses.

Zahlen und Daten

- Planbetten: 381
- Planbetten Kinderklinik: 80
- Planbetten Geriatrische Klinik: 54
- Stationäre Patienten: 14.030 (Stand 2004)
- Ambulante Patienten: 28.595
- Mitarbeiter: 452

2.2 Aufgabenstellung

Die von mir zu bewerkstelligende Aufgabe liegt in der Erstellung einer übersichtlichen Kosten-Nutzenanalyse, sowie in der kleinschrittigen Umsetzung von der Theorie des CyMED KIS PflegePlus Moduls in die alltägliche Praxis.

Durch die Gegenüberstellung der Kosten wird aufgezeigt, dass durch den Einsatz von lückenloser, EDV-gestützter Pflegedokumentation auf einen Zeitraum nach Eingewöhnungs- und Akzeptanzphase des Pflegepersonals erhebliche Einsparmaßnahmen bzw. eine enorme Steigerung der Pflegequalität zu erreichen ist.

Durch die eigens kreierten Eingabemasken und Formulare, welche optimal an die vertrauten Papiervordrucke angeglichen werden, wird das Projekt schneller die nötige Akzeptanz der Benutzer gewinnen, was für den Erfolg im Alltagsgeschäft und für ein rentables Projekt entscheidend sein wird.

3. Planung, Ist-Analyse, Konzepterstellung

3.1 Planung

3.1.1 Zeitplanung

Gesamtlaufzeit	35,0	35,0

3.1.2 Planung der Vorgehensweise

Die Planung der Vorgehensweise gestaltet sich wie folgt:

Es werden sämtliche Informationen aus dem St. Marien-Hospital Düren zusammengetragen, die sich auf die Pflegedokumentation mit Hauptaugenmerk auf die damit verbundenen Kosten, u.a. Materialien und Arbeitszeit, als auch auf den aktuellen alltäglichen Arbeitsprozess beziehen. Es folgt eine Sammlung von Informationen zum CyMED-Modul PflegePlus bezüglich der Systemvoraussetzungen und eventuellen Erfahrungswerten der Firma CyMED, sowie publizierten Berichten anderer Krankenhäuser betreffend geeigneter Hardware. Zusätzlich wird versucht aufzuschlüsseln, wie viel Lizenzkosten das Modul PflegePlus jährlich verursacht.

Nach Sichtung der gesammelten Informationen und deren Auswertung wird eine Auswahl der neuanzuschaffenden Hardware getroffen.

Im Anschluss wird eine Kosten- Nutzenanalyse durchgeführt, welche darauf zielt, alle kalkulierbaren Informationen zu berücksichtigen.

Den nächsten Schritt stellt die Installation von Software und Hardware dar. Diese beinhaltet die Erstellung des Formulars auf Grundlage der bereits gefertigten Eingabemaske und die Integration in die bestehende Accesspoint-Infrastruktur zwecks Anbindung an den CyMED-Server.
Ist die Funktion im Praxisbetrieb sichergestellt, wird das Stationspersonal in kleineren Gruppen geschult und peu à peu an die EDV-gestützte Dokumentation herangeführt. Erfolgt die Dokumentation in der Pilotphase neben dem CyMED KIS noch parallel auf dem Medium Papier, wird nach der letzten Schulung des Stationspersonals, inklusive der Nachtwachen, die handschriftliche Dokumentation vollständig eingestellt und ausschließlich digital getätigt.

3.2 Ist-Analyse

Derzeit betreut die Pilotstation dieses Projekts 1.452 Fälle im Jahr (Stand 2006), dies bedeutet 1.452 zu schreibende Pflegedokumentationen. Aus der Pflegedokumentation erstellt die Pflegekraft eine Pflegeplanung, welche die auszuführenden Maßnahmen im Rahmen einer Woche von täglich 0.00 bis 24.00 Uhr für diesen Patienten beschreibt. Für diese Dokumentation benötigt eine Pflegekraft durchschnittlich 35min (0,58 Std.).

Die Dokumentation erfolgt auf Formularvordrucken (u. A. OP 180; 97,63€ / 1000 Stk.) der Optiplan GmbH aus Düsseldorf. Die Printkosten inkl. Papier für einen Schwarz/Weiß-Druck betragen 0,05 € / Seite (Leasingverträge mit der Firma Triumph-Adler). Nach der Genesung und Entlassung des Patienten besteht für jedes Hospital eine Aufbewahrungspflicht der Dokumentation aller Patientendaten für 30 Jahre, davon die ersten drei Jahre im eigenen Haus.

Das St. Marien-Hospital Düren verfügt über ein 450m² großes Archiv auf der sechsten Etage des Haupthauses und eine vernachlässigbar kleine Fläche auf der siebten Etage des Verwaltungsgebäudes für extrem sensible Patientenakten. Da die Kapazitäten des hauseigenen Archivs den anfallenden Patientenakten aus 30 Jahren jedoch bei Weitem nicht gerecht werden können, werden die Akten nach drei bis maximal vier Jahren in ein Archiv der Firma KOBUSCH in Münster ausgelagert.

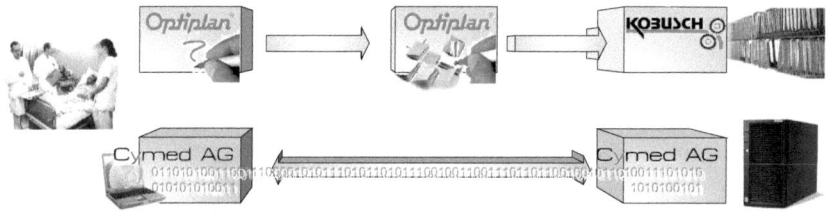

Für diese Auslagerung arbeiten jährlich 2 Aushilfskräfte im Schreibdienst durchschnittlich drei Wochen zu je 38,5 Std./Woche für 7,70 Euro pro Stunde. Das Archiv kostet die St. Marien-Hospital gGmbH jährlich ca. 72.000,00 Euro und beherbergt momentan ca. 240.000 Akten. Die Einlagerung jeder neuen Akte kostet das Haus 0,102 Euro. Wird eine archivierte Akte angefordert, fallen Kosten in Höhe von 0,55 € pro Minute für die Recherche an. Die jährliche Durchschnittsrecherchezeit beläuft sich auf 4.460 Minuten, die Anzahl der zurückgeforderten Akten auf durchschnittlich 36 Stück. Die Aufwendungen in Form von innerbetrieblicher Arbeitszeitvergütung für rückläufige Patientenakten aus Münster und betriebsinterne Logistik lassen sich nicht in Zahlen fassen, sind aber angesichts der anfallenden jährlichen Archiv-Fixkosten zu vernachlässigen.

3.2.1 Kosten- Nutzenanalyse

	2005	2006	2007	2008	2009
Hardware					
Anschaffungskosten Dell Notebook 2 Stk		750,00 € AfA / 12 Monate * 9 Monate = **562,50 €**	AfA = **750,00 €**	AfA = **750,00 €**	750,00 € AfA / 12 Monate * 3 Monate = **187,50 €**

St. Marien Cymed AG
HOSPITAL

Software Lizenzkosten Cymed	**6.000,00 €**	0	0	0	
Supportkosten Cymed	60,00 € / Monat * 7 Monate = **420,00 €**	60,00 € / Monat * 12 Monate = **720,00 €**	60,00 € / Monat * 12 Monate = **720,00 €**	60,00 € / Monat * 12 Monate = **720,00 €**	
Formular / Druck Druckkosten incl. Papier (Leasingvertrag Triumph Adler)	1.452 Stk. / 12 Mon. * 7 Mon. * 11 Seiten * 0,05 € = **465,85 €**	1.452 Stk. * 11 Seiten * 0,05 € = **798,60 €**	1.452 Stk. * 11 Seiten * 0,05 € = **798,60 €**	1.452 Stk. * 11 Seiten * 0,05 € = **798,60 €**	
Optiplan Formulare OP 880, 51 & 81	3 * 1.452 Stk. * (77,27 € / 1000 Stk.) = **336,59 €**	3 * 1.452 Stk./ 12 Mon * 5 Mon. * (77,27 € / 1000 Stk.) = **140,25 €**	0	0	0
OP 2133	1.452 Stk * (173,19 € / 1000 Stk) = **251,47 €**	1.452 Stk./ 12 Mon * 5 Mon. * (173,19 € / 1000 Stk.) = **104,78 €**	0	0	0
OP 3307	1.452 Stk * (100,24 € / 1000 Stk) = **145,55 €**	1.452 Stk./ 12 Mon * 5 Mon. * (100,24 € / 1000 Stk.) = **60,65 €**	0	0	0
Archivierung Einlagerung Fa. Kobusch	1.452 Stk. * 0,10226 € = **148,48 €**	605 Stk. * 0,10226 € = **61,87 €**			
Akten Recherche Fa. Kobusch	4.460 Minuten * 0,55 € = 2.453,00 € 2.453,00 € * (1.452 / 240.000) = **14,84 €**	4.460 Minuten * 0,55 € = 2.453,00 € 2.453,00 € * (605 / 250.000) = **5,94 €**			
Personal Arbeitskosten Pflege	1.452 Stk * (0,58 Std * 18,04 €) = **15.192,57 €**	1.452 Stk * (0,50 Std * 18,04 €) = **13.087,04 €**	1.452 Stk * (0,43 Std * 18,04 €) = **11.263,45 €**	1.452 Stk * (0,25 Std * 18,04 €) = **6.548,52 €**	1.452 Stk * (0,17 Std * 18,04 €) = **4.452,99 €**

Arbeitskosten EDV		70 Std * 17,85 € = 1.249,50 €	48 Std * 17,85 € = 856,80 €	42 Std * 17,85 € = 749,70 €	36 Std * 17,85 € = 642,60 €
Arbeitskosten Aushilfskräfte		(2 Personen * 3 Wochen * 38,5 Std * 7,70 €) * (1.452 * 14.030) = 184,08 €	(2 Personen * 3 Wochen * 38,5 Std * 7,70 €) * (605 * 14.030) = 76,70 €		
Gesamkosten	16.273,58 €	22.235,08 €	14.388,85 €	9.566,82 €	6.801,69 €

3.3 Konzepterstellung

3.3.1 Projektablauf (Teilziele)

• Informationsbeschaffung der für die Kosten- Nutzenanalyse der Pflegedokumentation relevanten Daten

• Auswahl der für das Projekt geeigneten Hardware

• Kosten- Nutzenanalyse des Projekts

• Installation und Einrichtung der neuen Geräte

• Formularerstellung

• Schulung des Pflegepersonals

3.3.2 Informationsbeschaffung

Im ersten Schritt werden statistische Daten des Vorjahrs der ausgewählten Pilotstation gesucht. Begonnen wird mit der Zahl der behandelten Patienten auf dieser Station, im konkreten Fall die internistische Station 4 des St. Marien-Hospitals. Eine Mitarbeiterin aus dem Bereich der Patientenaufnahme liefert aus SAP heraus eine Liste aller stationären Fälle vom 01. Januar bis 31. Dezember 2006. (siehe Tabelle 1, Anhang) Die Summe der zu betrachtenden Patienten beläuft sich auf 1.452. Für die Kosten- Nutzenanalyse werden unter anderem die durchschnittlichen Lohngemeinkosten pro Stunde einer Pflegekraft benötigt. Die Personalleitung im Haus errechnet durchschnittlich anfallende Kosten in Höhe von 18,04 Euro pro Stunde. Um mit diesen Zahlen zu kalkulieren, wird die Pflegedirektion beauftragt einen Durchschnittswert für den Zeitaufwand pro Pflegedokumentation zur Verfügung zu stellen. Der Assistent der Pflegedirektion nennt eine benötigte Dauer von 35 Minuten. Diese 35 Minuten setzen sich zusammen aus der zehnminütigen Erfassung der individuellen Patientendaten, sowie der Formulierung und Verschriftlichung der Pflegedokumentation zum einen und den täglich durchzuführenden Pflegemaßnahmen zum anderen. Die Pflegedirektion des St. Marien-Hospitals rechnet damit, dass die Zeit für die EDV-gestützte Erfassung der individuellen Daten eines jeden Patienten der handschriftlichen Erfassung auf Optiplanbögen gleicht. Dieser Überlegung liegt das Faktum zugrunde, dass die Übergangszeit von der Eingewöhnung, an das neue Medium Notebook, bis hin zur Routinetätigkeit ausgeglichen wird, durch die geringeren zu dokumentierenden Informationen. Entfallende, sich wiederholende Informationen stellen z.b. Patientenname, Vorname, Adresse, Geburtsdatum, Hausarzt, und Einweisungsdiagnose dar, da diese bereits seit der Ankunft des Patienten an der Pforte bzw. der Patientenaufnahme im KIS hinterlegt sind.

Neben den Personalkosten sind die Materialkosten für eine detaillierte Analyse entscheidend. Im bisherigen Verfahren fallen Kosten für die Formularvordrucke der Firma Optiplan (siehe Anlage 1, Anhang) an, welche durch das zu erstellende digitale Formular ersetzt werden. Die Leitung des medizinischen Sachbedarfs nennt den Kostenfaktor 97,63 Euro für 1000 Stück des Formulars OP 180. Die Stationsleitung der Station 4 bestätigt, dass ein Formular pro Patient benötigt wird. Für eine geeignete Kostengegenüberstellung wird der Wert eines schwarz/weiß bedruckten DinA4 Blattes benötigt. Der leitende EDV-Koordinator nennt 0,05 Euro als anfallende Druckkosten pro Blatt. Zur Archivierung einer jeden Patientenakte kommt bisher auf der Pilotstation eine Planettentasche (siehe Anlage 2, Anhang) zu einem Preis in Höhe von 9,61 Euro zum Einsatz, welche anteilig auf das zu ersetzende Formular herunterzurechnen ist. Zur Kostenerfassung der Auslagerung von Patientenakten vom hauseigenen Archiv in das Archiv der Firma Kobusch liefert die Buchhaltung Rechnungen aus dem Jahr 2006 (siehe Anlage 3, Anhang). Die Lohngemeinkosten für die betriebsinternen Aufwendungen in Form von Aushilfskräften im Schreibdienst zur Unterstützung bei der Archivierung stellt die Leitung der Personalabteilung bereit. Sie betragen 7,70 Euro.

Die Hardwarevoraussetzungen für das Modul CyMED PflegePlus gehen auf Anfrage an support@cymed.de per E-Mail ein. Die Preise für die ausgewählte, neu anzuschaffende Hardware gehen ebenfalls per E-Mail vom DELL Vertriebsbeauftragten der CTW ein. Diese belaufen sich auf 1.125 Euro netto pro mobilem Gerät. Zur Vorlage und optimalen Umsetzung des neuen digitalen Formulars wird ein Original des Optiplan OP 180 Formulars von der Pflegedirektion zur Verfügung gestellt.

3.3.3 Hardware: Auswahl und Installation

Für den mobilen Einsatz bieten sich in der Regel PDAs an - in diesem Projekt scheint auf den ersten Blick ein Pocket-PC mit Microsoft Windows Mobile 2002/03 geeignet, da diese Geräte bereits in einem anderen Funktionsbereich auf allen Stationen des Hauses erfolgreich im Einsatz sind. CyMED bietet bisher jedoch leider keine Programmmodule für PDA Betriebssysteme, sondern ausschließlich für Microsoft Windows an. Es bleibt im mobilen Bereich also die Wahl zwischen Notebooks oder Tablet-PCs. Da das Krankenhaus vor Einführung der Pocket-PCs im Bereich der Wunschmenüerfassung negative Erfahrungen mit Tablet-PCs sammelte und eine Tastatur separat des Touchscreens in Hinblick auf den Hauptaspekt, der Texteingabe, praktikabler ist, fällt die Wahl zwischen diesen beiden Alternativen leicht. Es wird der Einsatz von zwei Notebooks beschlossen.

Die Systemvoraussetzungen für eine CyMED-Client-Workstation sind offiziell nicht durch CyMED definiert. Sinnvoll ist selbstredend ein PC, auf dem das Betriebssystem stabil, zuverlässig und schnell, bei ausreichend Ressourcen für Applikationen läuft. Im St. Marien-Hospital Düren wird Microsoft Windows XP Professional als Standard-OS auf allen Workstations eingesetzt. Alle CyMED-Module laufen problemlos unter Microsoft Windows 2000, theoretisch sogar unter Windows 95 mit den entsprechenden System-Updates. Das CyMED Stations-Modul, welches die Basis der PflegePlus Eingabemaske darstellt, benötigt nach Angaben des Windows Task-Managers 70 MB freien Arbeitsspeicher. Alle lokal gespeicherten CyMED-Dateien nehmen ca. 170 MB in Anspruch, das Betriebssystem Windows XP Professional benötigt laut Angaben des Herstellers 1,5 GB Festplattenkapazität und empfohlene 128 MB Arbeitsspeicher. Die Mindestauflösung für CyMED Eingabemasken ist erfahrungsgemäß 1024px × 768px, da sonst bei permanent eingeblendeter Taskleiste im Vordergrund, welches zum Standard des St. Marien-Hospital Düren gehört, nicht jedes Fenster vollständig sichtbar ist und keine Scrollbalken vorhanden sind. Eine Bildschirmauflösung unter 1024 × 768 Pixel ist somit nicht akzeptabel. Essentiell wichtig für ein funktionstüchtiges CyMED KIS ist die Konnektivität zum CyMED-Server und dessen Datenbank. CyMED bietet keine Option zur Datenerfassung mit späterer Server-Synchronisierung, da jedes Programmmodul eine permanente Serververbindung zur SQL-Datenbank erfordert. Dazu ist eine Anbindung an eine bereits bestehende WLAN-Infrastruktur unerlässlich.

Für die Hardware des Projekts EDV-gestützte Pflegedokumentation werden auf diesem Hintergrund folgende Mindestvoraussetzungen aufgestellt:

CPU: 1,00 GHz (so energiesparend, wie möglich)

RAM: 1 GB

HD: 10 GB

Grafik: 1024 × 768 Pixel

Netzwerk: WLAN-Adapter

Da die Caritas Trägergesellschaft West (CTW) „Premier"-Kunde bei DELL ist und somit die Konditionen der Premierpage genießt, ist durch die Geschäftsführung festgelegt, dass jede Neuinvestition bei DELL getätigt werden muss.

Es wird in erster Linie ein kleiner, kompakter Laptop gewünscht. Dadurch bedingt bieten sich zwei Basis-Alternativen an, der DELL Latitude D410 und der Latitude D420. Beide Notebooks kommen mit einer Bilddiagonale von 12,1'' und einem dazu passend kleinen und leichten Gehäuse daher. Alle zuvor festgelegten Minimalvoraussetzungen werden von beiden Geräten erfüllt und sogar übertroffen. Der D420 wiegt bei einem Volumen von ca. 1500cm³ 1,36 kg, der D410 1,72 kg bei ca. 2100cm³. Das Augenmerk fällt auf den Vorgänger, den D410. Er erscheint mit seiner XGA-Auflösung im Vergleich zum D420 mit WXGA geeigneter. Zwar bietet der Latitude D420 eine Dual-Core-CPU, in Anbetracht dessen, dass Windows XP, sowie die CyMED-Clientsoftware dies jedoch nicht entsprechend unterstützen, ist dies kein Gewichtungspunkt in Bezug auf das Projekt. Im Hinblick jedoch auf die Zukunftstauglichkeit und Langlebigkeit des Gerätes, vor allem auf dem Hintergrund einer eventuellen zukünftigen Umstellung auf Microsoft Windows Vista und dem deutlich geringeren Stromverbrauch überzeugt der D420 mit Intels CoreDuo Prozessor. Der Hauptakku des D420 lässt sich von 28 Wh auf 68 Wh erweitern, der des D410 von 53 Wh auf 80 Wh. Da der CoreDuo U2500 (9W TDP) im Vergleich zum Pentium M 760 (27W TDP) jedoch eine 18 W geringere Verlustleistung liefert, steht der CoreDuo im D420 definitiv als Favorit fest, da der Akku nur auf den ersten Blick schwächer erscheint. Beide Notebooks enthalten einen 802.11 a/g Wi-Fi Adapter und bieten somit die Vorraussetzungen für die vom Marien-Hospital Düren geforderte WPA-Verschlüsselung. Es folgt ein vergleichendes Bewertungsschema der zwei Geräte mit zu vergebenen Punkten von 1- 10 zur Entscheidungsfindung.

Anhand des oberen Bewertungsschemas wird erkennbar, dass sich der Latitude D420 mit knapp drei Punkten Vorsprung als geeigneter herauskristallisiert. Von einem Preisvergleich musste leider abgesehen werden, da DELL den Vertrieb des D410 während der Projektlaufzeit einstellte. Eine exakte Konfiguration der zwei bestellten Latitude D420 ist Anlage 4 des Anhangs zu entnehmen.

Nachdem die Microsoft Windows XP Installation abgeschlossen ist und alle relevanten Besitzerdaten, Benutzername und Administratorkennwort eingetragen sind, folgen standardisierte Grundeinstellungen des St. Marien-Hospitals. Im BIOS wird als einzig bootfähiges Laufwerk die Festplatte C:\ (Primär, Master) angegeben, das Booten von USB-Massenspeichern wird deaktiviert, ebenfalls der Zugriff auf Disketten- und CD/DVD-ROM-Laufwerke. Jeder PC im St. Marien-Hospital Düren wird mit einem fest definierten, gut sichtbaren Label, hier auf der Rückseite des Monitors, versehen. Es besteht aus der DELL Service-Tag, Informationen zur Netzwerkanbindung, exakten Gerätebezeichnung, Computernamen nach SMH-Syntax und des anzumeldenden lokalen Benutzers, falls vorhanden. (Anlage 5, Anhang) Im Snap-In „Computerverwaltung" von Windows wird unter „Lokale Benutzer und Gruppen" ein neuer Benutzer hinzugefügt, unter welchem sich das Stationspersonal später anmelden wird. Der Benutzername lautet „notebook", das Kennwort ebenfalls. Es wird festgelegt, dass der Benutzer sein Passwort nicht ändern darf und dass das Benutzerkonto niemals abläuft. Unter „Eigenschaften" des „Arbeitsplatz" werden unter der Registerkarte „Remote" das „Senden von Remoteunterstützungsangeboten" und die Erlaubnis zur Herstellung einer Remotedesktopverbindung aktiviert. Die Systemwiederherstellung auf allen Laufwerken und die automatischen Windows-Updates werden deaktiviert. Auf der Registerkarte „Erweitert" wird im Untermenü „Fehlerberichterstattung" auch diese komplett deaktiviert, selbst bei „kritischen Fehlern". Alle Optionen im Untermenü „Visuelle Effekte" werden, bis auf den durchsichtigen Hintergrund für Symbolunterschriften auf dem Desktop, deaktiviert. In den Einstellungen der Taskleiste wird das Ausblenden der inaktiven Symbole unterdrückt, das persönlich angepasste Startmenü deaktiviert, die Taskleiste fixiert und immer im Vordergrund ausgewählt. Der Menüstil des Startmenüs wird in die „klassische" Ansicht verwandelt und der Menüpunkt „Benutzer-Abmelden..." hinzugefügt. In den „Eigenschaften von Anzeige" wird das Standard St. Marien-Hospital Desktophintergrundbild und der hauseigene Bildschirmschoner mit Kennwortschutz nach 10 Minuten eingestellt. Der Desktopbereinigungsassistent wird deaktiviert. Neben der Remotedesktopverbindung wird noch pcAnywhere von Symantec installiert und ein Host konfiguriert, welcher direkt beim Windowsstart geladen wird.

Nun erfolgt die Anbindung an das Hausnetzwerk. Zunächst wird eine kabelgebundene Verbindung aufgebaut. Die Treiber des onboard-Ethernetadapters sind durch DELL bereits vorinstalliert. In den

„Eigenschaften von LAN-Verbindung" wird die Option des Anzeigens eines Netzwerkssymbols in der Taskleiste nur bei bestehender Verbindung aktiviert. Die IP-Adresse wird auf „automatisch beziehen" gesetzt, sowie alle DNS-Server Einträge entfernt. Die Windows-Firewall wird vollständig deaktiviert. In den Eigenschaften des Netzwerkadapters wird die Geschwindigkeit und der Duplexmodus von „automatisch" auf „100 Mbit/s Vollduplex" geändert.

Ist die vorübergehend kabelgebundene Verbindung erfolgreich eingerichtet und durch einen Zugriff auf die Datei-Freigabe *\\SMH-DN-CY4\C$* des CyMED-Servers überprüft, wird mit der Einrichtung der WLAN-Anbindung begonnen. Die Treiber des WLAN-Adapters sind ebenso von DELL vorinstalliert und die Netzwerkkarte somit als „Drahtlose Netzwerkverbindung" unter den Windows Netzwerkverbindungen zu finden. Der zu verwendende Wi-Fi-AccessPoint (Netgear WG302) stellt neben der mit WPA verschlüsselten Datenübertragung und der versteckten SSID des Accesspoints einen MAC-Adressenfilter zur Verfügung. Um die MAC-Adresse zu erfahren und in den Filter einzutragen, muss diese erst aus dem Netzwerkadapter des D420 ausgelesen werden. Dies geschieht unter Windows bereits bei der Installation der Netzwerktreiber. Um sich die MAC-Adresse anzeigen zu lassen, gibt man auf dem Notebook den Befehl ‚IPCONFIG' mit dem Parameter ‚/ALL' in die Windows Eingabeaufforderung ein. Das Programm bezeichnet die gesuchten 48 Bit als „Physikalische Adresse" (Anlage 6, Anhang). Hierbei ist zu beachten, dass die korrekte MAC-Adresse des WLAN-Adapters notiert wird, da das Programm IPCONFIG.EXE alle Ethernetschnittstellen auflistet, auch die der kabelgebundenen Netzwerkkarte.

Der AccessPoints WG302 von Netgear lässt sich, wie viele andere AccessPoints durch seinen integrierten Webserver über eine HTML-gestützte Oberfläche benutzerfreundlich konfigurieren. Diese Oberfläche wird durch die Eingabe der IP des AccessPoints in einem beliebigen Webbrowser aufgerufen. Nach Eingabe von Benutzernamen und Passwort gelangt man in das Konfigurations-Hauptmenü. Bei dem Gerät WG302 findet sich der MAC-Adressenfilter im Menü „Security" unter „Access Control". Dort wird die MAC-Adresse des Latitude D420 WLAN-Adapters eingetragen und mit dem Button „Add" in die Liste der zu erlaubenden Verbindungen aufgenommen. Der Button „Apply" (= Übernehmen) speichert die vorgenommenen Einstellungen im WG302. Der AccessPoint ist nun bereit Verbindungsaufbauten von der Netzwerkschnittstelle des Laptops zu akzeptieren, sofern diese ordnungsgemäß verschlüsselt sind.

Im nächsten Schritt wird die „Drahtlose Netzwerkverbindung", d.h. die WLAN-Karte auf dem Latitude D420 eingerichtet. Dieser Vorgang gleicht dem der kabelgebundenen Netzwerkschnittstelle. Die IP-Adresse wird automatisch vom DHCP-Server bezogen, ebenfalls der Eintrag des Standardgateways und des DNS-Servers. Die Konfiguration des Duplexmodus und der Datenübertragungsrate wird an dieser Schnittstelle nicht geändert. Jetzt folgt die Verschlüsselung des Datenstroms mittels WPA.

Im Fenster „Eigenschaften von Drahtlose Netzwerkverbindung" unter den Windows Netzwerkverbindungen gibt es neben den bereits bekannten Einstellungen der „LAN-Verbindung" noch die Registerkarte „Drahtlosnetzwerke". Dort werden die entsprechenden Daten zur Verschlüsselung eingetragen. Mit dem Button „Hinzufügen" gelangt man in ein Menü, wo die SSID (Service Set Identifier) des Netgear WG302 AccessPoints eingetragen wird. Als Netzwerkauthentifizierungsmethode wird WPA-PSK zur Datenverschlüsselung ausgewählt. Es wird der im AccessPoint hinterlegte Netzwerkschlüssel (PSK) eingegeben und zur Vermeidung von Tippfehlern noch einmal wiederholt. In der Registrierkarte „Verbindung" wird die Funktion zur automatischen Verbindung mit einem AccessPoint aktiviert. Dadurch stellt das Notebook später selbständig eine drahtlose Verbindung zum Hausnetzwerk her, sofern der konfigurierte AccessPoint in Reichweite ist.

Nachdem eine Netzwerkanbindung, kabelgebunden zur Installation und kabellos auf der Pilotstation, garantiert ist, wird mit der Installation der CyMED-Clientsoftware begonnen. Die Installationsroutine erwartet die Eingabe eines Benutzernamens und einer Organisation. An dieser Stelle wird „EDV" und „St. Marien-Hospital Düren ggmbH" eingetragen. Zusätzlich muss ausgewählt werden, ob die Anwendung ausschließlich für den aktuell angemeldeten Benutzer, oder für alle Benutzer des Computers installiert wird. CyMED wird auf Anwendungsebene standardisiert immer allen Benutzern zur Verfügung gestellt. Als Zielverzeichnis der Installation wird „C:\Programme\Cymed\" angegeben. Im letzten Schritt der Softwareinstallation muss ausgewählt werden, ob mit BAPI installiert wird oder nicht. Da das BAPI aber in den IT-Strukturen der CTW nicht auf Clientebene, sondern zentralisiert auf dem CyMED-Server läuft, wird CyMED auf der Workstation ohne BAPI installiert. Die eigentliche Installation des KIS-Clients ist an diesem Punkt bereits beendet. Nun folgt ein Update auf die jeweils aktuellsten Programmmodule durch Überschreiben der zuvor installierten EXE-Dateien mit den aktuellsten Versionen. Die zurzeit im Haus eingesetzten EXE-Dateien liegen auf dem CyMED-Server bereit. Neben den Programmdateien wird noch die Konfigurationsdatei CYMED.INI im Windowsverzeichnis durch eine, auf das Haus angepasste ersetzt. Diese enthält Informationen zu diversen Pfadangaben, u. a. den Ordner der aktuellsten EXE-Dateien für automatisierte Updates und das Verzeichnis für Formularvordrucke. Zum endgültigen Abschluss ist noch eine Lizenzierung des neuen CyMED-Arbeitsplatzes nötig. Diese wird im CyMED-Admin-Modul durch Eingabe des Computernamen kreiert und auf dem CyMED-Server registriert. Das Notebook ist nun bereit für den Einsatz der CyMED-Clientsoftware.

3.3.4 Formularerstellung

Die KIS-Software ist erfolgreich installiert und eingerichtet. Die Pilotstation des St. Marien-Hospitals ist nun in der Lage, die Informationen für das Optiplanformular OP 180 in CyMED einzutragen. Das nächste Teilziel, die Formularerstellung, widmet sich dem Ausdruck der eingegebenen Daten. Die Zielsetzung dafür lautet, den Ausdruck dem Original der Vorlage ‚OP 180' (Anlage 1, Anhang) so ähnlich, wie möglich oder übersichtlicher zu gestalten, auf dem Hintergrund, dass ein neues Layout eine Eingewöhnungszeit zur Orientierung bedürfte, wie auch den alltäglichen Arbeitsablauf verlangsamen würde.

CyMED verwendet das CardFile-Dateiformat (.CRD) von List & Label der Firma combit. Die derzeit neueste Version von List & Label ist 12, CyMED setzt bisher Version 11 ein. Ein Designer für CRD-Dateien ist in CyMED integriert. Durch das Gedrückthalten der Shift-Taste beim Auswählen des Druck-Buttons in einer CyMED Eingabemaske wird dieser gestartet. Bei gehaltener Strg-Taste wird eine Druckvorschau angezeigt. Es wird das CyMED-Stations/Pflege-Modul aufgerufen und der Bettenplan (Anlage 7, Anhang) geöffnet. Durch Auswahl eines beliebigen Patienten und dem Aufruf der Anamnese, öffnet sich die Eingabemaske der für den OP 180-Bogen relevanten Daten „Pflegeanamnese/Erstgespräch" (Anlage 8, Anhang). Diese Eingabemaske wurde zuvor vom Assistenten der Pflegedirektion erstellt und enthält alle Abfragen des OP 180, sowie auf das Haus und mit der Pflegedirektion abgestimmte Optimierungen. Von oben genannter Eingabemaske aus wird der List&Label-Designer (Anlage 9, Anhang) gestartet. Zunächst wird das Papierformat des zu erstellenden Formulars eingestellt. Der original Optiplanbogen 180 ist DinA4 im Querformat, der CyMED-Ausdruck soll im gleichen Format erstellt werden. In der Menüleiste unter dem Punkt „Projekt" wird dazu das „Seitenlayout" geändert. Dem Dokument wird der Wert 284,0mm horizontal und 197,4mm vertikal zugewiesen. Das leere Formular wird jetzt das erste Mal auf dem CyMED-Server im Verzeichnis für Vorlagen unter dem Namen ‚QSBD_Anamnesebogen_Pflege.CRD' gespeichert. Das Kürzel „QSBD" ist eine programmmodulabhängige Vorgabe seitens CyMED. QS bedeutet Qualitätssicherung, BD steht für Befund-Dokument. Der Dateiname wird an den Assistenten der Pflegedirektion weitergegeben, damit dieser die Datei dem Pflegeanamnesebogen als Standardausdruck zuweisen kann. Dadurch erhält der Benutzer beim Ausdruck direkt das gewünschte Formular, ohne zuvor die Vorlagendatei selbst auswählen zu müssen. Im nächsten Schritt folgt eine grobe Tabelleneinteilung des Dokuments in drei Spalten. Dafür bietet der Designer zwei Zeichenwerkzeuge: eins zum Ziehen von Linien, des Weiteren eins zum Anlegen von Rechtecken. Der Umgang mit diesen zwei Tools ist an die Handhabung der Zeichenwerkzeuge von Microsoft Word angelehnt. Erst werden Rechtecke oder Linien gezogen, dann über die Eigenschaften (Doppelklick) des jeweiligen Objekts, die Strichstärke, die Farbe oder die Füllung bei Rechtecken definiert. Der List&Label-Designer bietet mehrere Zeichenebenen, wodurch sich alle Objekte später leicht verschieben lassen, sowie die Reihenfolge in der Tiefe variabel bleibt. Die Darstellung (wird dargestellt / wird nicht dargestellt) von Objekten (Zeichnungen, eingefügten Bildern, Bardcodes, Text) kann an Bedingungen bestimmter Variabeln geknüpft werden. Jeglicher Text wird mit Hilfe von Microsoft Word-ähnlichen Textfeldern hinzugefügt, zunächst unabhängig davon, ob es sich um fest definierten Text, Variablen, oder Abfragen handelt. Statischer Text muss immer in Anführungszeichen gesetzt werden, da List&Label andernfalls versucht, diesen als Funktion zu interpretieren, was zwangsläufig zu Fehlern führt. Als Schriftart wird im gesamten Dokument Arial verwendet, da diese von der CTW als zu verwendende Schriftart in allen Dokumenten vorgegeben ist. Die vorwiegend benutzte Schriftgröße ist 10px. Das Dokument wird nun mit allen fest definierten Textinhalten, d.h. Überschriften, Gliederungspunkten, Fragestellungen und Bezeichnungen versehen. So stellt sich eine klarere Struktur des Layouts heraus und das Dokument kann weiter detailliert werden. Daten gleichen Entitätstypus, wie z.B. Patientenstammdaten werden, wie in der Originalvorlage, angeordnet und durch Rahmen und Linien unterschiedlicher Stärken und Farben von anderen Dateneinheiten zur leichteren Orientierung auf dem Papier, optisch getrennt.

Es folgt die Verarbeitung der Benutzereingaben. Begonnen wird mit dem einfachen Darstellen von bestimmten Datenfeldern. Der Designer importiert selbständig alle relevanten Daten der aktuellen CyMED-Eingabemaske aus der SQL Datenbank und stellt diese zur Weiterverarbeitung bei jeder Eingabe tabellarisch dar. Alle Variablennamen sind bereits durch die Erstellung der Eingabemaske (QS-Bogen) der Pflegedirektion festgelegt. Personenrelevante Daten, wie Geburtsdatum, Name, Hausarzt, Einweisungsdiagnose, etc. werden global, auch wenn diese nicht explizit in der Pflegeanamnese eingegeben, aber im KIS existent sind, importiert. So kann aus einer Auswahl die benötigte Variable selektiert werden. Soll z.B. die Aufnahmenummer eines Patienten hinter dem statischen Text „Aufn.Nr.:" im Formular erscheinen, wird an gewünschter Stelle folgendes eingetragen: ‚"Aufn.Nr.: " + AUFNAHME.NUMMER' (Anlage 10, Anhang). Es wird der Wert im Datenfeld ‚Nummer' der Tabelle ‚Aufnahme' ausgegeben. Ein weiteres Beispiel für die Ausgabe des Vor- und Zunamens mit Anrede lautet: ‚PAT.ANREDE + " " + PAT.TITEL + " " + PAT.VORNAME + " " + PAT.NAME'. Nach diesem Schema wird mit allen weiteren Ausgaben des Dokuments verfahren, sofern diese nicht an bestimmte Bedingungen geknüpft sind. Genaue Inhaltsangaben sind Anlage 9 im Anhang zu entnehmen. Neben der Aufnahmenummer wird diese noch als Barcode ausgegeben, was bisher im alten Formular per Aufkleber gelöst wurde. Der Designer bietet dafür ein Barcodewerkzeug, welches den Barcode automatisch aus der mit ihm verknüpften Variable generiert. Die Variable muss ausschließlich numerisch sein und eine gerade

Anzahl an Zeichen enthalten. Können Variabeln nur bestimmte Werte, z.B. „1" und „0" für „Ja" und „Nein" annehmen (Boolesche Variablen), wird eine Ausgabe mit Bedingung generiert, wie im Fall der Frage nach Seelsorgewunsch. Im konkreten Beispiel lautet der Quelltext zur Ausgabe des statischen Textes `"Seelsorge erwünscht: "`. Die Variable (1 oder 0) für die Seelsorge lautet „QS.SEELSORGE ERWÜNSCHT.Code". Die Funktion für die Abfrage von Bedingungen erinnert an Microsoft Excel, sie lautet „Cond" (condition= Bedingung). Sie ist nach der Syntax „WENN (BEDINGUNG ist gleich XY, DANN Ereignis1", SONST Ereignis2)" aufgebaut. Bedingungen lassen sich beliebig weit ineinander verschachteln. Der Code um die Ausgabe „Seelsorge erwünscht: Ja" oder „[...] Nein" zu erhalten ist demnach wie folgt:

`"Seelsorge erwünscht: " + Cond(QS.SEELSORGE ERWÜNSCHT.Code="1","Ja","Nein")`

Um einen besseren Überblick über das Formular und eine exaktere Umsetzung des alten OP 180 zu erzielen, ist jedoch eine Ausgabe in Form von Varianten zum Ankreuzen gewünscht:

> „Seelsorge erwünscht: [X] Ja [ ] Nein" oder „Seelsorge erwünscht: [ ] Ja [X] Nein"

Für diese, im Formular am häufigsten verwendete Variante, ist eine doppelt verschachtelte Abfrage nötig. Sie lautet: WENN var=1, DANN „Kreuz bei Ja", WENN var=0, DANN „Kreuz bei Nein", SONST „kein Kreuz". Die Codezeile dazu sieht dementsprechend länger aus:

```
"Seelsorge erwünscht: " + Cond(QS.SEELSORGE ERWÜNSCHT.Code=
"1","[ X ] Ja [ ] Nein",Cond(QS.SEELSORGE ERWÜNSCHT.Code=
"0","[ ] Ja [ X ] Nein","[ ] Ja [ ] Nein"))
```

Nach diesem Muster lassen sich noch weitere Optimierungen am Formularausdruck vornehmen. Wird z.B. als Versorgung bei Harninkontinenz ein Dauerkatheter benutzt, muss zusätzlich dessen Typ, die Größe und der letzte Wechsel angegeben werden. Wird jedoch kein Katheter eingesetzt, würden diese drei Angaben unnötigen Platz einnehmen. Daher ist gewünscht, dass Typ, Größe und Wechsel lediglich bei Verwendung eines Dauerkatheters angezeigt werden. Die Ausgabe der Versorgungsform mit Bedingung für die Anzeige der drei Katheterzusatzinformationen hat folglich folgende Form:

```
"versorgt mit: " +                                      Cond(QS.VERSORGUNG
HARNINKONTINENZ.Code="0","Vorlage",                     Cond(QS.VERSORGUNG
HARNINKONTINENZ.Code="1","Schutzhose",                  Cond(QS.VERSORGUNG
HARNINKONTINENZ.Code="2","Urinalkondom",                Cond(QS.VERSORGUNG
HARNINKONTINENZ.Code="3","Dauerkatheter",               Cond(QS.VERSORGUNG
HARNINKONTINENZ.Code="4","Zystofix","")))))  +          Cond(QS.VERSORGUNG
HARNINKONTINENZ.Code="3",", Typ: ","")+                 Cond(QS.VERSORGUNG
HARNINKONTINENZ.Code="3",QS.DAUERKATHETER,"")  +        Cond(QS.VERSORGUNG
HARNINKONTINENZ.Code="3",", Größe: ","")+               Cond(QS.VERSORGUNG
HARNINKONTINENZ.Code="3",QS.GRÖßE DAUERKATHETER+"Ch","")+Cond(QS.VERSORGUNG
HARNINKONTINENZ.Code="3",", letzter Wechsel: ","") +    Cond(QS.VERSORGUNG
HARNINKONTINENZ.Code="3",QS.WECHSEL DAUERKATHETER,"")
```

Die statischen Texte „Typ", „Größe" und „letzter Wechsel" werden nur ausgegeben, wenn die Versorgung der Harninkontinez durch den Dauerkatheter (Code="3") gewährleistet wird. Zusätzlich wird direkt der Wert der dazugehörigen Variable ausgegeben. Komplizierter erscheint die Umsetzung der Matrix zur Pflegebedürftigkeit, rechts im Formular. Sie lässt sich jedoch auch mit bisher bekannten Mitteln lösen. Die Tabelle wird mit Zeichenwerkzeugen angefertigt. Jede Zeile der Tabelle entspricht einer durchgängigen, zusammenhängen Codezeile, welche jeweils alle vier Möglichkeiten überprüft und bei gültiger Bedingung ein ‚X' ausgibt. Je nach Ergebnis wird das zu schreibende ‚X' durch davor eingefügte Leerzeichen in die entsprechende Spalte der Tabelle verschoben. Je pflegebedürftiger, desto weiter wird das Kreuz nach rechts gesetzt, oder je pflegebedürftiger, desto mehr Leerstellen vor dem Kreuz. Es gilt: Code 0 = selbständig, Code 1 = braucht Anregung, Code 2 = eingeschränkt, Code 3 = abhängig. Es folgt der Code aus Zeile eins, für die Mobilisierung:

```
cond(QS.MOBILISIEREN.Code="1","        X",
cond(QS.MOBILISIEREN.Code="2","                X",
cond(QS.MOBILISIEREN.Code="3","                        X","X")))
```

Mit den vier weiteren Variablen, QS.KÖRPERPFLEGE, QS.ZAHN UND MUNDPFLEGE, QS.HAARPFLEGE und QS.ANKLEIDEN wird gleichermaßen verfahren. Das original OP 180 sah unten rechts ein Feld für die Unterschrift des Ausfüllenden, sowie das Datum vor. Auch der neue Ausdruck soll das aktuelle Datum und den Namen der Pflegekraft enthalten. Um noch zeiteffizienter zu arbeiten, wird automatisch das Tagesdatum, d.h. das Druckdatum und der aktuell im CyMED-Stationsmodul angemeldete Benutzer ausgegeben. Der Druck des Benutzernamens stellt keinen Ersatz für die Unterschrift dar, im Falle einer vergessenen Unterschrift lässt sich diese jedoch so ohne großen Aufwand nachholen. Die Funktion zur Ausgabe des Datums lautet: „Date$(Now(),"%02d.%02m.%04y")". Die Parameter „%##x." dienen der Formatierung. „%02d." bedeutet die Ausgabe einer zweistelligen Zahl, mit führender Null, wenn kleiner gleich neun. Das „d" steht dabei für day (= Tag). So wird die Reihenfolge von Tag, Monat(„m") und Jahr(„y") angegeben. Der nach jedem Letter folgende Punkt ist das anzuzeigende Trennzeichen. Das Jahr wird auf diesem Formular vierstellig gedruckt. Für das US-Amerikanische Datumsformat (Jahr-Monat-Tag, jeweils zweistellig) würde der Code demnach folgenderweise aussehen: „Date$(Now(),"%02y-%02m-%02d")". Zur Ausgabe des aktuellen CyMED-Benutzers existiert die Variable „DRUCK.BENUTZER". Diese wird unten rechts in kleinerer Schriftgröße und 50%-grauwertiger Schriftfarbe (RGB 128, 128, 128) gedruckt. So entsteht nicht so schnell der fälschliche Eindruck, dass der gedruckte Name die Unterschrift ersetzt. Zu guter Letzt werden noch zwei Grafiken eingefügt. Das Logo der CTW oben links, sowie der Schriftzug des St. Marien-Hospitals Düren oben rechts. Dazu wird in der Menüleiste unter „Objekte" der Punkt „Einfügen > Bild" benutzt. Dafür wird zunächst ein Rahmen für das einzufügende Objekt gezogen und in dessen Eigenschaften der Dateiname des Bildes angegeben. Zu beachten ist hierbei, dass Bilddateien nicht wie in Microsoft Word in die Dokumentdatei implementiert werden, sondern lediglich eine Verknüpfung gespeichert wird. Die Grafikdateien dürfen also nicht später gelöscht oder verschoben werden. Als Titelzeile wird, angelehnt an „Erstgespräch OP 180", die Bezeichnung „Erstgespräch CT 180" (CT für Christoph Thomas) erstellt.

3.3.5 Personalschulungen

Die Personalschulungen sind aufgrund der örtlichen und zeitlichen Rahmenbedingungen in kleineren Gruppen angedacht. Die Zielgruppe stellt das fest-angestellte, ausgelernte Pflegepersonal der Pilotstation dar. Es werden jeweils vier bis sechs Pflegekräfte im EDV-Schulungsraum des St. Marien-Hospitals geschult. Sofern möglich, werden Schulungen zu Zeiten der Schichtwechsel geplant. Dadurch fallen keine Pflegekräfte aus oder müssen an zusätzlichen Terminen erscheinen, sondern etwa eine Stunde vor dem normalen Arbeitsbeginn anwesend sein. Durch die kleine Gruppengröße ist eine unbeeinträchtigte Pflegeversorgung auf Station gewährleistet, sowie ein besserer Lerneffekt zu erwarten. Für bis zu sechs Personen stehen ausreichend PCs zur Verfügung, sodass jeder Schulungsteilnehmer das während der Schulung neu Erlernte in die Tat umsetzten kann. Jenseits grauer Theorie erlernen die Teilnehmer die systematische und nachweisliche Verbesserung von Effizienz und Qualität. Sie trainieren die praxisgleiche Anwendung des EDV-gestützten Konzeptes durch „learning-by-doing" unter Konkurrenz- und Zeitdruck. Zur Auflockerung der Schulung und Veranschaulichung der Zeitersparnis wird nach ausreichenden und ruhigen Testläufen, die Gruppe wider Erwarten geteilt und ein Wettbewerb initiiert, bei dem die Hälfte der Personen damit konfrontiert wird, eine komplexe Pflegedokumentation und –planung auf dem Papier zu erstellen. Auf die Vermittlung eines möglichst großen Stoffumfangs wird bewusst verzichtet. Das Sammeln eigener Erfahrungen und Erkenntnisse gepaart mit dem Angebot, Fragen direkt zu klären, als auch Ängste nehmen zu können, steht im Vordergrund. Vorausgesetzt wird sowohl Basiswissen, als auch täglicher Umgang mit dem Stationsmodul. Es wird eine PowerPoint-Präsentation (Anlage 12, Anhang) erstellt, welche kurz den Weg durch und in die neue Pflegedokumentations-Eingabemaske zeigt und diese im Detail erläutert. Jeder Part der Eingabemaske wird optisch mit dem bekannten Optiplan 180 Formular verglichen. Dadurch soll dem Pflegepersonal die Angst vor Mehraufwand genommen und ein evtl. erster Überblicksverlust ausgeglichen werden. Darauf folgend wird auf der Leinwand live im CyMED eine Pflegedokumentation gemeinsam mit dem Stationspersonal durchgeführt. Diese erste Pflegedokumentation wird direkt in der Echtdatenbank des KIS durchgeführt und anhand eines bereits ausgefüllten OP 180 Formulars eines den Pflegekräften bekannten, aktuell stationären Patienten durchgeführt. Der OP 180-Bogen wird von der Pflegedirektion zur Verfügung gestellt und für jeden Teilnehmer kopiert. Die Vorgehensweise, direkt mit Echtdaten zu arbeiten, steigert das Vertrauen der Anwender in das neue System erfahrungsgemäß erheblich. Es wird eine kurze Pause zwecks Fragen und Anregungen durch das Stationspersonal eingelegt, bevor jeder Einzelne die Gelegenheit erhält, selbständig am PC zu arbeiten. Dies erfolgt aus Sicherheitsgründen jedoch in der CyMED-Testdatenbank für Schulungszwecke. Herausragen soll im Wesentlichen der Aspekt zur Möglichkeit von Verbesserungsvorschlägen seitens des Pflegepersonals, um die Option aufzuzeigen, dass der Anwender selbst Einfluss auf sein alltägliches Werkzeug hat.

4. Fazit

Während der Projektlaufzeit wurde mir einiges verdeutlicht. So stellte sich z.B. die Kosten- Nutzenanalyse erheblich aufwändiger als erwartet dar. Die Schwierigkeit, komplexe Geschäftsprozesse in Zahlen zu fassen war mir zuvor nicht gebührend bewusst. Wenngleich ich nicht zum ersten Mal ein Projekt solcher Ausmaße durchführte, konnten meine Erfahrungen hingegen überwiegend in der Praxis des kaufmännischen Bereichs erheblich erweitert werden. Die für mich neue Herausforderung, sämtliche Prozessdaten eigenständig zu sammeln, zeigte mir auf, wie aufwändig sich dieser Aufgabenteil in der Praxis gestaltet und auf wie viele Abteilungen bestimmte Prozessdaten aufgeteilt sind. Eine weitere Überraschung stellte die geringe Auswahl von Subnotebooks aus dem Hause DELL dar. DELL „Premier"-Kunden bietet sich derzeit nur die Möglichkeit, Latitude D-Series Notebooks zu erwerben. Ältere Modelle, wie z.b. das X1 oder X300 standen erst gar nicht zur Auswahl.

Abschließend stellt sich das Projekt für mich persönlich definitiv gewinnbringend dar, da ich an neuen Herausforderungen wachsen wie auch meine Erfahrungen bereichern durfte. Die St. Marien-Hospital Düren gGmbH betrachtet die Umsetzung des Projekts als erfolgreich und plant zukünftig, mit weiteren Stationen zu folgen, sofern dies die finanziellen Mittel zulassen und weiterhin der reibungslose Prozessablauf auf der Pilotstation anhält.

Ich wünsche dem Haus viel Erfolg, dazu ferner die Möglichkeit einer weiteren Umsetzung und freue mich darauf, im Falle des Falles einmal selbst auf einem CT 180 Bogen zu erscheinen, bevor mein Name in Optiplanformularen zu finden ist.

5. Quellenverzeichnis

- **Qualität und Innovation im Krankenhaus**
  (http://www.innovations-report.de/html/berichte/studien/bericht-19804.html)

- **DRG und DMP - die neuen Begriffe in der Gesundheitsverwaltung**
  (http://www.gesundheit.de/medizin/gesundheitssystem/drg-und-dmp-die-neuen-begriffe-in-der-gesundheitsverwaltung/index.html)

- **Das führende deutschsprachige Projektmanagement-Glossar**
  (http://www.projektmagazin.de/glossar)

- **Optiplan GmbH**
  (http://www.optiplan.org)

- **Firma Kobusch**
  (http://kobusch-aktenvernichtung.de)

- **Systemvoraussetzungen für Windows XP-Betriebssysteme**
  (http://support.microsoft.com/kb/314865/de)

- **Thermal Design Power von Intelprozessoren**
  (http://www.computerbase.de/artikel/hardware/prozessoren/2006/bericht_intels_core_solo_core_duo/2/)

- **DELL Latitude-Notebooks im Vergleich**
  (http://www1.euro.dell.com/content/products/compare.aspx/latit?c=de&l=de&s=premier)

- **Offizielle combit-Internetseite zu List & Label**
  (http://www.combit.net/reporting/page609.aspx)

6. Glossar

Pflegedokumentation –
Bei einer Pflegedokumentation wird am Patientenbett festgestellt, welche Aktionen aus den Bereichen der Körperpflege, Ernährung, Ausscheidung, Ankleiden und Mobilität dem Patienten ohne fremde Hilfe nicht möglich sind. Des Weiteren werden die zu benachrichtigenden Personen, der Familienstand, religiöse Bedürfnisse, die berufliche, sowie die Familien- und Wohnsituation, das Schlafverhalten, der Hautzustand, Vollmachten, Allergien und das Wissen des jeweiligen Patienten über seine Krankheitssituation dokumentiert.

Verlustleistung (TDP, thermal design power) –
Umwandlung von elektrischer Energie in Wärmeenergie und somit vom Computer nicht genutzter, aber erbrachter Leistung.

MAC-Adresse (MAC-Filter) –
Jeder Netzwerkadapter besitzt eine einzigartige, nur ihm zugehörige MAC (*Media Access Control*)-Adresse, welche ihn überall exakt identifiziert. Um dieses Identifikationsmerkmal zu nutzen, wird im AccessPoint zunächst beim Aktivieren des MAC-Adressenfilters jede Verbindung zu anderen Netzwerkgeräten blockiert. Durch das Eintragen einer MAC-Adresse in die Liste des Filters, wird genau diese für die Verbindung mit dem AccessPoint wieder freigegeben. Die Regel des Filters lautet demzufolge: „Verbiete alles, bis auf…". So darf sich nur die gewünschte Geräte-ID mit dem Netzwerk verbinden. Eine MAC-Adresse ist 48 Bit lang und wird in der Regel hexadezimal geschrieben. Die ersten 24 Bit beschreiben immer den Hersteller der Netzwerkschnittstelle.

WPA (WiFi Protected Access) –
Der WPA-Standard bietet eine dynamische Verschlüsselung des Datenstroms. Das bedeutet, dass sich jeweils nach 10 übertragenen Kilobyte der zu verwendende Schlüssel wieder ändert. Dieses Verfahren nennt sich TKIP (Temporal Key Integrity Protocol). Zur erstmaligen Anbindung am AccessPoint ist jedoch ein fest definierter Schlüssel notwendig. Da diese Schlüssel 128 Bit lang sind, werden sie durch einen PSK (Pre-Shared-Key), also einen zuvor vereinbarten Schlüssel, errechnet. Der PSK muss daher auf allen Netzwerkgeräten identisch sein und darf maximal 63 Zeichen lang sein. Für dieses Projekt wird ein ca. 60 Zeichen langer PSK, bestehend aus Groß- und Kleinschreibung, Zahlen und Sonderzeichen, verwendet.

BAPI (Business Application Programming Interface) –
Eine genormte Programmierschnittstelle der SAP-Business Objekte. In diesem Fall ermöglicht BAPI dem CyMED-Modul, auf die Daten und Patientenprozesse des SAP R/3 Servers zuzugreifen.

7. Anhang

HINWEIS: Sämtliche Patientendaten, Seriennummern, Passwörter, MAC- und IP-Adressen wurden auf folgenden Darstellungen aus Datenschutzgründen und Sicherheitsrelevanz geändert, oder unkenntlich gemacht.

Tabelle 1

```
[letzte Seite SAP Fallliste 2006, Station 4]
1    St. Marien-Hospital gem. GmbH Düren-Birkesdorf  Aufnahmen Zeit 13:29:32    Datum 14.03.2007
     52353 Düren                                               RNLPFB00/N8KLB    Seite        61
                                                     Auswertungszeitraum 01.01.2006 - 31.12.2006

Orgeinheit         1Station 4
Fallarten          Stationär
Bewegungsarten     Normalaufnahme    Notaufnahme      Aufn.aus ext.KH
                   Stat.mit Vorst.   Notfall mit VS   Verdacht a. Wdk
                   Wied. Rückverl.
```

Name				GebDatum	G	Fall	Fallart				
AufnDatum	Zeit	P	Aufnahmeart	Aufn. OE f.	Aufn. OE p.		Zimmer	Aufn. Bett	I	K	N
Zi				13.04.1936 W	11270769		Stationär				
23.09.2006 14:30			Notaufnahme	1FA-inn.Med. 1Station 4			Z-406		I		
Zi				03.02.1952 M	11264886		Stationär				
09.05.2006 09:15			Normalaufnahme	1FA-inn.Med. 1Station 4			Z-405				
Zi				04.10.1927 W	11260133		Stationär				
29.01.2006 12:00			Normalaufnahme	1FA-inn.Med. 1Station 4			Z-405				
Zi				20.10.1987 W	11269407		Stationär				
25.08.2006 19:45			Notaufnahme	1FA-inn.Med. 1Station 4			Z-416		I		
Zi				20.01.1932 M	11270103		Stationär				
09.09.2006 21:54			Notaufnahme	1FA-inn.Med. 1Station 4			Z-404		I		
Zo				08.07.1939 W	11260918		Stationär				
13.02.2006 08:08			Normalaufnahme	1FA-inn.Med. 1Station 4			Z-403		I		
Zu				05.02.1955 M	11263613		Stationär				
07.04.2006 16:00			Normalaufnahme	1FA-inn.Med. 1Station 4			Z-411		I		
Zu				22.03.1940 W	11266816		Stationär				
23.06.2006 09:45			Normalaufnahme	1FA-inn.Med. 1Station 4			Z-408		I		
Zw				19.05.1940 M	11259560		Stationär				
16.01.2006 08:24			Normalaufnahme	1FA-inn.Med. 1Station 4			Z-405		I		
Zy				19.05.1940 M	11264233		Stationär				
24.04.2006 08:28			Normalaufnahme	1FA-inn.Med. 1Station 4			Z-405		I		
Zy				01.09.1922 W	11269683		Stationär				
31.08.2006 12:30			Normalaufnahme	1FA-inn.Med. 1Station 4			Z-410		I		
Zy				01.09.1922 W	11272892		Stationär				
09.11.2006 16:00			Normalaufnahme	1FA-inn.Med. 1Station 4			Z-406		I		

```
Anzahl gefundener Sätze:     1.452
```

Anlage 2
[Optiplan, Planettentasche]

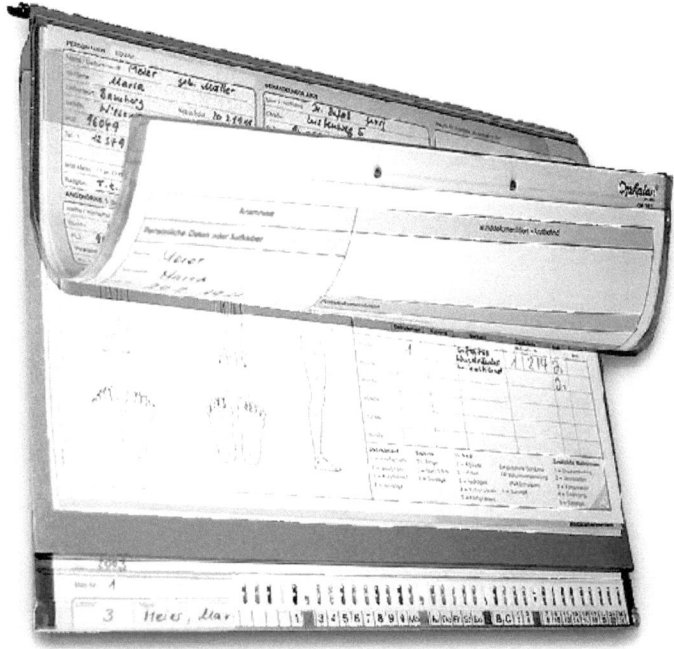